清·运

讲述北运河的故事

QING·YUN
JIANGSHUBEIYUNHEDEGUSHI

李家森 主编

天津出版传媒集团

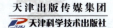

天津科学技术出版社

编委会

序

      如果说河流是大地的五线谱，那么京杭大运河所记载的就是一段瑰丽的变奏。在广袤的中华大地上，大多数河流总是顺应地势，自西向东奔赴海洋。而这条贯通南北的人工水道，则是人类在自然织锦上勾勒的非凡笔触。古称潞水的北运河，正是京杭大运河的最北段。它以水波为音符，将帝王的雄心、人民的智慧、商贸的繁荣、文化的交流、生活的况味编织成时间的乐章，诉说着千年的沧桑，寄托着无尽的乡愁。作为六集纪录片《清·运：讲述北运河的故事》的总导演，用影像为这条河流作传，描绘它的过去、现在与未来，于我而言是一种幸运。

      在创作这部纪录片的过程中，我亲历其境，无数次踏访北运河畔，从晨曦微露到夕阳西下，四季更迭中，运河展现出不同的风貌，却始终保持着那份沉稳与包容。我们的摄制团队用镜头捕捉瞬间，试图以瞬间的叠加传达一种永恒。

      北运河的故事，是自然与人文的双重叙事。运河号子穿空而来，在激流里飞扬，在烈日下低吟，回响着人类与自然坚韧的搏斗。非物质文化遗产在这里熠熠生辉，古老的技艺与现代生活交织，展现中华民族生生不息的创造力。美食沿河而生，是家的味道，也是远方的呼唤。而今的新农村建设，则让我们看到了希望与未来，古老运河在新时代焕发出新的生机与活力。

      怀着深沉的热爱，我率团队完成了创作这部纪录片的使命。而这次创作，也促成了我们与天津科学技术出版社的又一次合作。如同在北运河上行船，一同穿越激流险滩，我们也共同驾驭思想的舟楫，穿越创意的湍流，默契无须多言。《清·运》一书，不仅是对纪录片的纸质再现，更是内容的拓展与深化，它以文字为媒介，赋予了影像新的生命，让北运河的故事更加立体、饱满。

      在此，我想对每一位即将翻开这本书的朋友说，这不仅仅是一次阅读之旅，更是一次心灵的归乡。愿你能在这字里行间，听见北运河潺潺的流水声，看见那一幅幅生动的画面，感受那份穿越时空的深情与敬意。

目录 CONTENTS

第一章

导流济运

扫码收看纪录片

在中国国家博物馆，藏有一幅《潞河督运图》长卷。据藏者考证，是乾隆年间江萱所画。画卷描绘了潞河尾闾天津三岔河口一带的漕运盛景和民俗民风。全图大气磅礴，流水行云，整幅画面以督运官舫为线索，以盐坨春季开坨为核心，向左右两侧展开，细腻生动地描摹了两岸景物。

《潞河督运图》

《潞河督运图》

跟随作者视角极目观望：数十艘官船、商船、货船、渔船尽收眼底；官吏、商贾、船户、妇孺、盐垛杂役等人，形态各异，极富生活气息；两岸码头、衙署、商铺、酒肆、民居等，琳琅满目。

时任天津博物馆的陈克，仔细观察着这幅古画，那时的他还不知道，这张被称作《潞河督运图》的画作会成为他将要破解的谜题。

> " 仔细地考察一下，它实际上描写的是天津三岔河口的一个景象。"

陈克　天津博物馆 研究员

星临析木之津
地扼转漕之要
潞水绕其左
浑河衍其西

> 在古代的时候，武清是一个非常重要的所在，特别是这个潞河，就是运河，北运河，是漕运转运的枢纽，叫潞水帆樯。

公元1675年梓行的康熙版《武清县志》有"武清四景"之说，而公元
1742年所刊行的乾隆版《武清县志》，则由四景调整为六景。对比四景与
六景的内容，发现其中的缘由不仅关涉地理环境的变迁，同时还有行政区
划的调整等社会因素之影响。这在当时是一个有意思的话题。

康熙版《武清县志》记载的四景为："宝塔凌云""凤台春晓""桥门
秀水""舟集三沽"。乾隆版《武清县志》记载的六景中，保留了原四景
中的二景，即"凤台春晓""桥门秀水"；新纳入了两个名胜，即"奎阁
灯光""西郊花柳"；被替换的名胜有二，即"宝塔凌云"被替换成"古
塔凌云"，"舟集三沽"被替换成"潞水帆樯"。

【武清六景】

奎阁灯光：指的是武清区县城内的聚奎阁，每逢元宵节等节日，聚奎阁会燃放灯光，非常壮观。

西郊花柳：指的是武清区县城西门外张桐营、草茨、吴家堤等村庄的野外春景，春季时，各种花卉
　　　　　争相开放，景色宜人。

凤台春晓：指的是武清区的凤凰台，辽太子赴黄花店省抑宫探望母亲而下榻的地方。

古塔凌云：指的是武清区的古塔，位于解口村，高耸入云，建筑年代不详，现已倾倒。

桥门秀水："桥门"是指桥梁，"秀水"则是指美丽的水域。

潞水帆樯：指的是武清区的运河文化，其中"潞水"是指北运河，"帆樯"则是指运河上的船只。

奎阁灯光

西郊花柳

凤台春晓

古塔凌云

桥门秀水

潞水帆樯

古称潞水的北运河，是京杭大运河的最北段，以62.3公里的流长纵贯武清全域。六景中的"潞水帆樯"，描绘的便是当时繁忙的漕运景象。

《潞水帆樯》 吴合纶【清】

西指神京御水通，蒲帆乱射夕阳红。

粟输南国争飞挽，客近长安尚转蓬。

历历晚烟如极浦，依依晴树趁轻风。

往来阅遍沙头鹭，独立苍茫送去鸿。

源自——美丽武清官方号

陈克曾四度沿大运河寻访，
在武清，他听见了历史的回声。
余音未绝的运河号子曾响彻两岸。
自天津以北，
河道高程由低至高，
需要纤夫拉纤帮助逆水而行的漕船。

【运河号子】

王金泉　河西务村民

呼喽~
我的家啊，原来就在这儿住
我的枕头底下就是运河
……

扫码倾听·历史的回声

　　"拉纤的人，人人都得使劲。河里长着一棵大榆树，来回拉纤在榆树上勒出好几道深深的大沟。喊号的人，是船上的艄公，瞅着纤绳，他得喊……"
　　"竹篙里轻点水啊……"

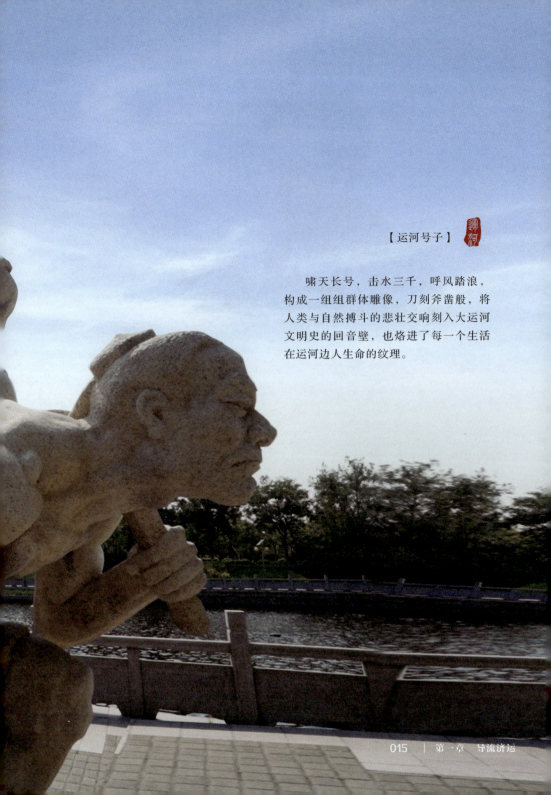

【运河号子】

　　啸天长号，击水三千，呼风踏浪，构成一组组群体雕像，刀刻斧凿般，将人类与自然搏斗的悲壮交响刻入大运河文明史的回音壁，也烙进了每一个生活在运河边人生命的纹理。

刘绍棠　作家

刘绍棠用一生讴歌北运河。
他的文字里，
曾出现武清一处历史遗存。

　　清代的屈家坝遗址，还留存着康熙皇帝手书的《导流济运》碑
文。竣工之日，这位万岁爷还亲赴现场阅坝。

——刘绍棠 《蒲柳人家》

　　康熙御笔的导流济运碑，就珍藏在武清博物馆的库房中。

　　清康熙四十九年，康熙帝御笔导流济运石碑一通，碑额有"御笔"两字，下有"导流济运"四个大字，寓意疏导洪流，接济漕运。

沙福山　武清博物馆 馆长

"导流济运"是对清代南粮北运过程中河道治理的巧妙概括。每年农历三四月至九十月，清廷要集中力量完成东南漕米三百多万石进京的任务。

何俊田　武清书法家

全漕运道图

清光绪十年（公元1884年） 段必魁绘制

美国国会图书馆藏

【全漕运道图】

过去天津有个说法叫作"潮不过三杨"，指的是潮水在南运河不过杨柳青，在北运河不过武清杨村，在西河(子牙河)不过霸州县（今霸州市）杨芬港镇。

　　据考证，这种说法最早出现于清嘉庆年间诗人樊彬所作的《忆江南津门小令》中。

潮不过三杨。

北河水下麦翻黄，

东淀花开莲采白，

到处水为乡。

津门好，

　　潮水的上涨带动了河水水位的升高，海船和大型的漕船得以顺利通过三岔河口，来到北运河直奔北京。潮水的影响一直到杨村，潮水的影响消失后，河水变浅了，大船便无法继续行进，只好停船靠岸，将货物倒至小船。

　　杨村负责自郭官屯至天津关的河段。这一河段高差起伏最大，高程变化最剧烈，而又水浅势弱，极易造成河道淤积。武清区南蔡村镇三里浅村，便是因船易搁浅而得名。

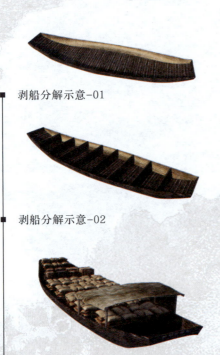

剥船分解示意-01

剥船分解示意-02

剥船分解示意-03

【剥船】

清朝时，除了开挖新河补给水量、组织浅夫挑挖以畅通河道之外，清廷还启用了一种特殊的船只——剥船。

郭男平　元明清天妃宫遗址博物馆 展陈教育部 部长

　　天妃宫遗址博物馆收藏的这只船是国家一级文物，也是此馆体量最大的一件文物。船长12.66米，从船身上面一些修补的痕迹和排钉来看，当时船在沉覆之前是使用和修复过的。

【剥船】

> 　　这只船在北运河上发现，有的人猜测它就是剥船。为什么要用剥船呢？北运河比较陡，然后它水比较浅。南方的漕船到了天津以后要卸下一部分粮食来，通过剥船再把它运到北京去。这种船就是吃水比较浅。一到漕运紧张的时候，西到白洋淀，临清以南，这些船都得集中到北运河到武清这一段。

陈克　天津博物馆 研究员

　　老米店村地处北运河与永定河之间，空中俯瞰，形似鱼骨。明清时期，剥船就曾在老米店码头守候。

　　漕粮中转，造就了这个人烟凑集、五方杂处之乡。不同姓氏的人们因运河相聚。这个因漕运得名的村落，成了他们共同的桑梓。

【漕粮中转】

　　同样位于北运河与龙凤河交汇地带的筐儿港，却是多次决堤溃坝的险要之地。

康熙三十九年（公元1700年）以前连续两年大水，影响到漕运。康熙皇帝组织了一次修北运河。到乾隆三十九年时（公元1774年）又修。因为北运河与永定河交叉，而海河的支流里泥沙最多的就是永定河，所以它对北运河的影响非常大。永定河以前叫无定河，修完之后永定河才有了今天的名字。这两通碑就是康熙和乾隆祖孙两朝修北运河成功之后立的一个纪念碑。

【御碑亭】

导流济运，治理的是延伸于大地的
空间之河；钩沉索隐，疏浚的是穿越
古今的时间之河

运河畔，一比一复制的祖孙碑在绿
树掩映中陪伴着一代代武清人。

　　古县志中包括潞水帆樯在内的
六景，在设计师手中一一复苏，新
的故事与古老的血脉交融，成为代
表城市形象的武清礼物。

大运河流淌千年。它终将穿越我们，向前奔涌。

【导流济运】

第二章
码头风云

扫码收看纪录片

　　河西务，土城村，上千块青砖幻化出一座微缩古城。随着时代变迁，土城慢慢消失，逐渐被后人淡忘。这用45组砖雕、800多所砖房再现的13座官衙，正是河西务历史上最为繁盛的时代。

　　传说，元世祖忽必烈仿照春秋时期燕昭王筑高台，掷千金以招贤士的典故，建造了土城里长500米、宽200米、将近百万方土的一个大土台子，台子上面修建有13个衙门，包括御史衙门、漕运衙门、茶马寻仓钱粮衙门等，当时的统治者还派军队驻扎在这里保卫粮仓及漕运安全，由此形成了一座土城。

【河西务】

【十三衙门】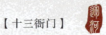

　　明代，朝廷在河西务设立的管理机构，最多时达到13所，被当地百姓称为"十三衙门"。

　　据史书记载，自元朝定都大都（今北京）开通京杭大运河后，河西务便开始设立税务机关、驿站、武装部门等各种衙门机关，如户部分司衙门、都漕运总司衙门、河西驿衙门、漕运司衙门、顺天府通判衙门、工部分司衙门等，最多时高达13个。到明朝隆庆六年（公元1572年），河西务始建砖城，城址即今土城村，时任武清知县的李贲曾为此写下"铁瓮新城十万家，闾阎旧俗竞繁华"的诗句。

【大运河地图】

大运河绵延三千里，沿线城镇无数，河西
务何以脱颖而出，成为一颗光芒绽放的明珠？

早在元朝，河西务就闻名遐迩了。那个时候的河西务是大运河沿岸七大钞关之一，所有进京的商船都要到这里纳税，是运河货物进京的最后一道关口。所以，运河上下，大江南北，所有商家、官员，无人不知北运河畔有个河西务。

【津门首驿】

津門首驛

一九八六年七月

邑人劉炳森書

【河西务】

　　宋代之前，河西务是北运河边上一个很不起眼的小船坞。到了元代，河西务才成为漕运史上一个很重要的城镇，那是中国历史上幅员最为辽阔的朝代。北逾阴山，西极流沙，东尽辽左，南越海表。

【大将伯颜】

　　元统一中国以后，定都大都（今北京），人们也陆续聚集到大都，仅用20年，大都人口增至80余万人，粮食供应成为首要难题。

　　粮食供应主要依靠南方，从南方运粮，也就是漕粮，运河运粮运量小，单靠运河供应有一定的困难。

　　面对运粮难题，大将伯颜想起一件往事：那是公元1276年，元军攻占南宋都城临安，他曾命人将南宋府藏图籍从崇明洲经海上运往京师。

　　如今，何不经海道运粮？

　　出身马背民族的元世祖忽必烈，对大海有着强烈的向往。

　　公元1282年，忽必烈采纳了伯颜的建议，试办海运。史书记载，这次航行途中遇到信风，第二年才抵达天津直沽港。

> " 　　海船载重量很大，大到什么地步呢？一辆海船能载重1000料，一料相当于现在的7石多重，比河运要节省30%~40%的费用，至元二十五年，海运就成为漕粮的主要运输线路了。 "

张利民 天津社会科学院 研究员

正是元代兴盛的海运，让河西务走向历史的前台。海船到了天津直沽港以后，要想继续往京师运，就要经过北运河了。往通州运的这一段，由河西务来管。

【河西务码头】

　　当时，在河西务设置总司，管理这段漕粮的运输、仓储。另外，漕运带来的物资，比如：土宜、砖、竹木，都是从河西务卸下后，再运往京师。河西务在元史和海运、漕运的记录中都有着浓墨重彩的一笔，对当时的北运河也十分重要。

霜满平堤柳渐凋
月移帆影过东桥
卧听柔橹鸣秋水
绝胜邻鸡报早朝

　　河西务因其重要的地理位置，成为漕运咽喉，历代文人墨客留下了大量吟咏河西务的诗篇。

　　元人傅若金《河西务》诗云："驿路通畿甸，敖仓俯漕河。骑瞻西日去，帆听北河过。燕蓟舟车会，江淮贡赋多。近闻愁米价，素食定如何？"

　　元人王懋德《过河西务》诗云："霜满平堤柳渐凋，月移帆影过东桥。卧听柔橹鸣秋水，绝胜邻鸡报早朝。"

　　明朝武清县知县李贲《河西务》诗云："铁瓮新城十万家，闾阎旧俗竞繁华。堤连第宅公勋店，岸拥旌旗使者艖。税榷五材充国计，商通四海足生涯。会同诸夏咽喉处，名利烟波炫晚霞。"

【河西务】

　　朝廷在河西务建造了永备南仓、永备北仓、广盈南仓、广盈北仓、充溢仓、崇墉仓、大盈仓、大京仓、大稔仓、足用仓、丰储仓、丰积仓、恒足仓、既备仓十四个国家仓储库房。十四座举足轻重的敖仓，曾经就屹立在这片土地之上。

【敖仓】

钧窑绿釉盘   钧窑绿釉盘

褐彩白釉瓷盘   褐彩白釉瓷盘

十四仓遗址出土的文物，现馆
藏于武清博物馆中。

茶叶末釉单系壶

　　《元史·百官志》记载，"至元二十四年（公元1287年），自京畿运司分立都漕运司，于河西务置总司，分司临清""至元二十五年，内外分置漕运司二，其在外者于河西务置司，领接运海道粮事"。

　　可以看出，河西务先是管理运河漕运的权力机构，而后又是接收海运粮的管理机构所在地。这里除行政机构外，还有大批的仓储设施。

　　元代河西务并不是现在京津公路上的河西务，而是在此西北约3公里处的东、西仓一带。在这些村庄的东南面有一片洼地，村民称为前海子、北海子、堤头的地方，即是当年的码头所在地。在洼地两侧，东、西仓的周围，分布有三块高地，布满了砖瓦、烧土和瓷片，有些地方还露出房屋遗迹，这就是当年的官署和仓房。

　　初步计算，河西务十四仓大概储存粮食能到200多万石，相当于运河从南方运到北京的漕粮的一半以上。

【元代河西务】

　　从宋代起，凡税收驻地通称"务关"。其中级别低者为"务"，高者为"关"。宣德四年（公元1429年），朝廷正式在河西务改设税关（由务升关），专司稽查过往船只，征收捐税。正统十一年（公元1446年），以兵部侍郎于谦奏，将漷县钞关并到河西务。

　　所谓"钞关"是一种税关，主要负责向运输货物的行商征税，而其中又以内河航运的船税和商税为主。因为用明政府发行的"钞"（一种纸币）来交税，所以称作"钞关"。后来虽然改用银子，但钞关这个名字还是保留了下来。

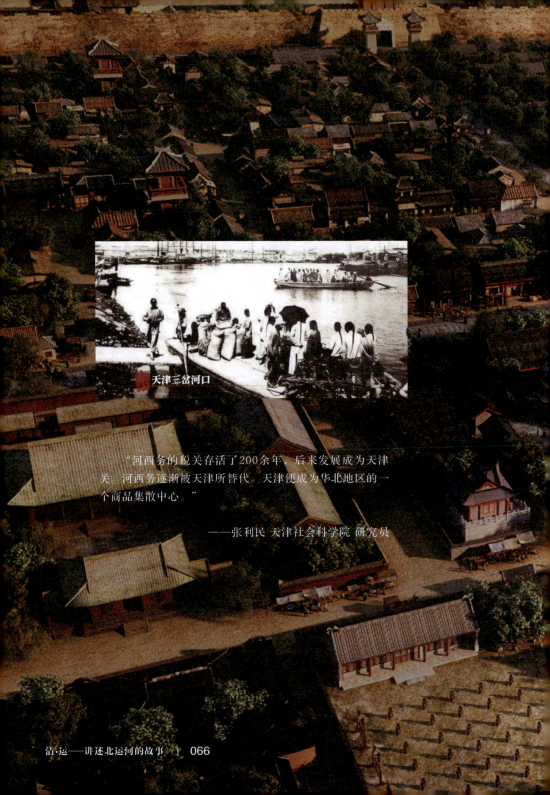

天津三岔河口

"河西务的税关存活了200余年，后来发展成为天津关。河西务逐渐被天津所替代，天津便成为华北地区的一个商品集散中心。"

——张利民 天津社会科学院 研究员

　　河西务的繁荣完全是漕运的产物。它是设置在元大都外的一个漕运物资的管理和储存机构。元、明、清三代都主要依靠漕运维持朝廷供给，河西务的繁荣也历三代而不衰。明万历时蒋一葵《长安客话》中说："河西务，漕渠之咽喉也。江南漕艘毕从此入。……滨河建有龙祠，以时祭祷。西岸旅店丛集，居积百货，为京东第一镇。"明隆庆六年又建砖城。清代顾祖禹《读史方舆纪要》中，河西务仍然"商民攒集，舟航辐辏"。

　　直到清代以后，由于漕运废止，河西务亦随之衰落，今天已成了普通农村。

【河西务】

运河水为天津注入活力。河西务功成身退，成就一段不朽传奇。码头风云渐止，时代浪潮不歇。且看那犁铧翻开的土地，如同河流的波浪，正在奔向新的季节。

【码头风云】

第三章
水蕴风华

扫码收看纪录片

守望相助是运河的底色，她携手不同水系，共筑起一条奔腾南北的古代"高速公路"。老百姓吃的普通粮食、宫廷里用的丝绸、瓷器，等等，在运河的航道中南来北往。北运河的兴旺，带来沿岸城镇的发展和繁荣。

　　大良镇的古银杏树在秋色斑斓中拨动心弦，蒙村的红叶，摇曳生姿，四季中最浓墨重彩的季节，是秋天。运河如一段玉颈，徐徐伸展，历史典故、民间传说被时间一一串起，似珍珠项链装点在粼粼水面。

作家李汉东，每周都要到大运河边走一走，去深入的思考一些民间的传说和历史的典故。

> 明朝间，曾经在这里发生一个事件，乾隆七年的武清县志，把这段故事收录到了里边，许多文学家也把这段故事收录到他们的作品中。我也写了一篇文章，叫作《明朝发生在武清的梁祝故事》。

　　《梁山伯与祝英台》的故事，可以说是家晓户喻，至今被人们乐道。但它毕竟是民间传说，在现实生活中是否真有这样的事呢？至少在天津史上就记载过类似"梁祝"的故事，只是其结局并非如"梁祝"的"死后化蝶"，而是"喜结良缘"。

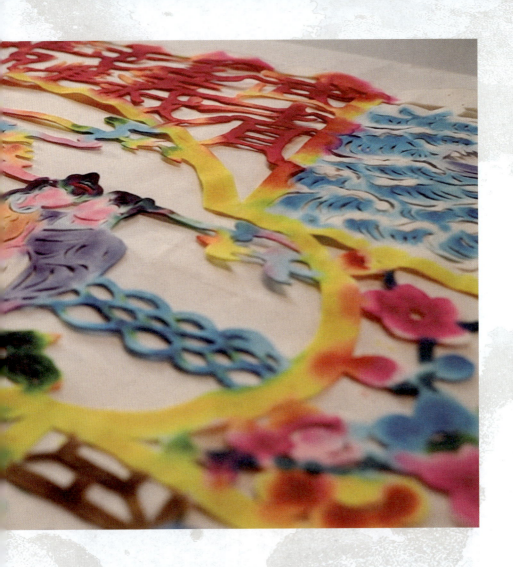

　　明代冯梦龙的小说《醒世恒言》里，有一篇《刘小官雌雄兄弟》的故事，话说明朝宣德年间河西务镇上，一位叫刘德的老者，与老伴儿救养的一对异姓"兄弟"，多年后他们竟喜结连理，供奉三家香火，传颂一段佳话。

【醒世恒言】

据记载：

刘方是明代一方姓军人的女儿，年十五时，其母死，于是女扮男装，随其父运送灵柩回老家安葬。走到武清县的河西务，其父又于刘德夫妇家中病故，刘方只好将其父母葬在村北。刘德将这个女扮男装的青年收为义子，取名刘方。过了两年，山东东阿县刘奇逃难来到武清河西务，刘方的义父刘德又收留了他，与刘方成了弟兄。又隔一年，刘方的义父义母双亡，刘奇、刘方守孝期满之后，刘奇提出要娶妻成家，刘方借故阻止。

有一次，刘奇见春来双燕筑巢，有感触，在墙上题了一首诗："营巢燕双双雄，朝暮辛勤巢始成。若不寻雌寄壳卵，巢成毕竟巢还空。"显然，刘奇以燕寓意，说明"双双雄"成不了家。刘方见诗，笑了笑，和了一首："营巢燕，双双飞，天设雌雄事久期。唯兮得雄愿已足，雄得雌胡不知？"刘奇见诗起了疑心，说："诗不错，能不能再和一首？"于是刘方又和了一首："营巢燕，声呷呷，莫使青年空岁月。可怜和氏忠且纯，何事楚君终不纳。"诗里刘方自比卞和献璧，把刘奇比作楚王不识而不纳。刘奇大骇，说："照此说来，弟和花木兰一样女扮男装的了？"刘方点头承认。

刘奇提出："那么我们是作为兄妹呢？还是作夫妇呢？"刘方迟迟不答，刘奇一再追问，刘方才流着眼泪说："我父本姓方，因送我母亲的灵柩客死在这里，我恐路上不便，才女扮男装，幸喜义父收养了我，又和兄在这里一起生活，这不是偶然的；假若和你作兄妹，我将出去，我又不愿离开父母的坟墓，该怎么办？兄再想想"。

无情骨肉成吴越
有义天涯作至亲
三义村中传美誉
河西千载想奇人

　　刘奇听了又惊又喜，刘方说："我之所以托身于兄，不同于世俗的私奔，而在于承续三家的宗嗣，成三义之名，一定要按正式的礼仪结婚。"刘奇依了，二人坐以待旦，第二天举行正式结婚典礼，终成夫妇。后来他们的子孙成了巨族，人们都纷纷赞扬"刘方三义"，村子也改名为三义屯。

运河水流淌千年，运送南北货物，也满载艺术，奔腾四面八方。流进田野、渔歌，也流进陶瓷和山水画，这是水给予艺术家的无限灵感。它结合明丽的染料，落在白色的宣纸上，成为了北运河畔独有的艺术——杨村六街彩色剪纸。它最突出的地方是没有边界线，以红黄蓝三原色为主染色，让色彩在纸上流动，使得色彩自然渐变。

　　这种用色夸张大胆的彩色窗花，制作技艺曾经几近失传。

　　传承人高春杰，完整保存了祖母李景臣的家传彩色剪纸图样，为这一艺术的挖掘与传承创造了条件。杨村六街彩色剪纸依靠集体传承和发展。高春杰和艺术家们在复兴传统花色的同时，也在不断探索新的创作题材。

【六街彩色剪纸】

武清区曹子里镇，自明代时起，就家家做花，巧合的是这些手工艺人也多是江南移民之后。当初的移民带来了南方的做花技艺，形成了北运河畔享誉全球的艺术形式。

用上好的丝绸模仿真花的肌理、层次，数十层花瓣的染色要在一沾一提之间快速完成，这需要数十年的经验积累。

-01-
选料
选择优质的丝绸作为制作绢花的原料，丝绸质地要柔软光滑，颜色要鲜艳亮丽。

-02-
凿瓣
将丝绸制作成花瓣的形状，要考虑花瓣的排列和层次感，使绢花看起来更加立体和美观。

-03-
染色
染色是绢花制作过程中非常关键的一步，它决定了绢花的颜色和效果。

-04-
粘瓣
可以使用针线缝制或者胶水进行固定，要注意花瓣的位置和角度，使绢花看起来更加自然。

-05-
花蕊

花蕊可以使用丝线或者其他材料进行制作，要根据花瓣的颜色和形状来进行，做好后固定在花瓣上，使整朵绢花看起来更加完整。

-06-
定型

包括花瓣的摆放和角度的调整，还可使用珍珠、丝线等辅料装饰，使绢花看起来更加立体和生动。

　　古人有"簪花"的习俗，有史可循，如在公元300年左右的晋惠帝时，曾"令宫人插五色通草花"于发簪处做装饰；隋朝时炀帝于皇宫"宫树秋冬凋落，则剪彩为华叶，缀于枝条。色渝则易以新者，常如阳春"。在佳节、宴会、典礼等重要场合，无论男女，皆有"簪花"的习俗。所谓"簪花"即戴花，将真花或像生假花与冠冕、发饰连接一起，既是一种装饰审美的追求，又逐渐形成某些朝代的礼仪制度。唐代官家设有"探花郎"，簪花于街市，蕴"以文治国"寓意；到了民间，则有"有恨簪花懒，无聊斗草稀"的场景（唐·杜牧《为人题赠二首》），有"遥知兄弟登高处，遍插茱萸少一人"簪花时的思亲（唐·王维《九月九日忆山东兄弟》）。到了宋朝，此风更盛。北宋的司马光诗有"从车贮酒传呼出，侧弁簪花倒载回"的酣畅描写。

【簪花】

簪花已经进入上至宫闱、下至百姓的生活之中。史载宋徽宗每次出游、回宫都是"御裹小帽，簪花、乘马"，从驾的臣僚仪卫也都赐花佩戴，甚至什么身份戴什么花、什么品级戴几朵都有分别，臣民且以御赐簪花为荣。南宋诗人杨万里更是写下朝廷正月初一的簪花礼仪。

都向千官帽上开

牡丹芍药蔷薇朵

君王元日领春回

春色何须羯鼓催

"元日"时节，即使江南也不会"芍药牡丹蔷薇朵"百花盛开，千官帽上的花朵定是绫绢之类的像生花无疑。

如今，在没有了簪花习俗的现代社会，世代做花的艺人在艺术的舞台施展巧手，制成精巧的戏曲头饰，插入云鬓，在梨园上大放异彩。

　　拥有现代化的生产和科技力量的加持，天津绢花品种日趋丰富，吉祥的人物、动物、盆景等新款相继问世，所选珍珠、丝线、光片等辅料也日渐多元，技法不断进步。有的艺人结合每年的生肖，设计出生肖与传统吉祥图案相结合的红绒花，尤其抢手，甚至成为有心人的系列意趣收藏品，美化着家居，一年四季点染着天津百姓的红火生活。今天的"曹子里镇绢花"占有全国市场份额的三分之一，并出口到亚欧美等100多个国家和地区，深受人们的喜爱和欢迎。

【天津绢花】

丝绸是经纬线交织的艺术。将丝线换成毛线，就织造出了武清另一项驰名世界的艺术——崔黄口地毯编织工艺。

　　天津市武清区崔黄口镇是世界地毯产业三大聚集区之一，截至2024年，有地毯企业约1200家，相关从业人员达2.5万余人，地毯出口量占全国的40%。

　　崔黄口地毯产业已有140多年的发展历史，至今已形成"一镇一业"的格局。崔黄口地毯产业的发展，是我国近代以来轻工业发展的一个缩影；是改革开放以来我国对外开放、加速融入国际市场的一个缩影；是新时代以来我国积极推动传统产业转型升级、实现高质量发展的一个缩影。

这件手工编织的《长城》壁毯小样，原件
是1974年中国赠予联合国的第一份礼物之
一，至今仍然挂在联合国总部大厅里。

【地毯编织】

传统文化静水流深，隐于寻常，历经沧桑，不曾中断。这是艺术的张力，更是水的力量。

【水蕴风华】

第四章
俗世奇人

扫码收看纪录片

王宝才 李派快板书非遗传承人

运河千里荡碧波
武功廓清颂传说
永良飞叉声名远
传承人就在北望京都东接津门
西达冀晋的千年古镇——王庆坨

【王庆坨】

　　近年来，随着人们对健康生活方式的追求和环保意识的增强，骑行作为一种绿色出行方式，在社交圈中逐渐风靡。

　　受这股骑行风潮的驱动，各类配套产品无论线上线下，都迎来了热销的盛况。这无疑也给自行车及其相关产业注入了新的活力，为行业的发展带来了新的机遇和挑战。

　　王庆坨镇，坐落在武清区的西南端，以其庞大的自行车产业规模和深厚的行业影响力，赢得了"中国自行车第一镇"的殊荣。镇上，汇聚了超过二百家的自行车零配件生产厂家，形成了一个完整且高效的产业链条。

【王庆坨】

　　在众多工厂中，一家专注于制造弹簧的厂子尤为
突出，能生产超过100种弹簧，满足了整个镇上自行
车生产的多样化需求。

王文壮，这位在"中国自行车第一镇"赫赫有名的弹簧厂掌门人，不仅精通百余种弹簧的精密制造，更是永良飞叉的传承人。

永良飞叉——这种融合了武术之巧和杂技之美的独特技艺，让他在工厂之外的舞台上同样大放异彩。

王文壮　永良飞叉非遗传承人

　　永良飞叉，这项源远流长的绝技，凝聚了中华民族智慧。它不仅仅是一种身体力行的表演艺术，更是对协调与平衡极致追求的展示。在表演者的手中，每一抛、每一接，都准确无误，仿佛人与飞叉之间有着不可言喻的心灵感应。

　　如同在弹簧制造上的严谨与精细，传承人王文壮在飞叉的每一次表演中也都全情投入，每一个动作都经过精心雕琢，无不透露出他对这门艺术深深的热爱和无尽的敬畏。

　　在表演者们的演绎下，飞叉不只是冷冰冰的金属，它变得灵动跃然，仿佛被注入了鲜活的灵魂，让人目不暇接。

【永良飞叉】

怀中抱月

单指纺线

犀牛望月

云罗打叉

> 明末清初，宫里边司礼监有个叫曹化淳的，他经常带一些京城里边的杂技班子来祝寿，他们通过运河到了大清河，之后再到王庆坨，就把飞叉的技艺留在了这里。永良飞叉传自我们的一位师爷和我的师父，师爷叫房永和，我的师父叫吴国良，各取他们名字中的一个字，这个技艺就叫永良飞叉。

王文壮　永良飞叉非遗传承人

　　永良飞叉套路从武术套路演化而来，因此其演练特点
刚猛浑厚，技巧性极强。技巧方面，按照撩、搓、抛、
转、准的要诀，再加上武术基本动作中讲究的手、眼、身
法、步。它需要调整肌肉松紧用力的大小，通过移形换
步、上下协调的动作来控制飞叉的重心和速度。所有动作
要求身手灵活，一环紧扣一环，手、眼、身、精、气、神
要统一协调，并且跟乐器配合，踩着鼓点完成动作，动作
健美，花样繁多。因其招式中融入了武术、杂技、舞蹈元
素，永良飞叉在全国传统体育项目中独树一帜。

　　"这个东西它不好练，吃功。前踢啊、后踢啊，浑身都沾叉。您琢磨琢磨，老弄根棍子在身上打，没有那么大毅力的练习者，他就坚持不下来。"王文壮说。

　　飞叉技艺是一种集舞蹈、音乐、武术和杂技于一体的表演艺术，它以独特的形式展现了深厚的民族文化内涵，观赏性极强。台上3分钟的精彩表演背后，是演员们十年如一日的刻苦努力和坚持练习所铸就的非凡技艺。

　　如今，随着青春活力的注入，古老的永良飞叉技艺不仅没有被时光遗忘，反而在当地焕发出新的生机，成为鲜活跃动的民间艺术。

【永良飞叉】

说飞叉，招法多

套路完整又灵活

武术杂技和舞蹈

样样都在里面搁

手眼身，精气神

紧跟乐器来配合

鼓点铿锵马步稳

这飞叉

忽上忽下忽左忽右

忽前忽后忽隐忽现

上下纷飞真利落！

王宝才 李派快板书非遗传承人

这些灿烂如星辰的武术绝技，跨越千年依旧璀璨夺目。

陈克　天津博物馆 研究员

在武清，马氏花丝镶嵌技艺传承至今，从昔日的宫廷御用艺术蜕变为民间的珍贵工艺。这一技艺沿着运河流传，绽放出别样的文化韵味。

【马氏花丝镶嵌】

马赛 马氏花丝镶嵌·非遗传承人

　　2024年3月，武清博物馆精心策划了一场展现花丝镶嵌艺术的盛会。这场盛宴的作者是马氏花丝镶嵌技艺的第四代传人——马赛。他以卓越的设计和精湛的技艺，将这门古老的手艺带进了现代，让更多的人能够领略到这项非物质文化遗产的独特魅力。

马氏花丝镶嵌是一种具有一百多年传承历史的技艺，主要致力于文物复制和自主设计。

【马氏花丝镶嵌】

工匠们以壁画和文献为灵感源泉，
精心制作出一件件头饰艺术品。

【马氏花丝镶嵌】

　　2024年春节联欢晚会上，演员们佩戴着马氏花丝镶嵌制作的唐代风格妆造，展现了传统工艺的魅力与现代审美的完美结合。

　　马氏花丝镶嵌的技艺不仅在春晚的舞台上绽放光彩，更在众多影视剧中扮演了重要"角色"。许多演员的头饰，都是出自马氏花丝镶嵌工匠们的巧手。这些精美的妆造，不仅是装饰，更是对历史与文化的深刻致敬，将古老的工艺与现代审美完美融合，为观众呈现了一场视觉与文化的盛宴。

　　当国风造型在舞台上惊艳亮相时，马赛已经为复兴这一古老艺术耕耘多年，通过无数次的尝试与创新，将传统工艺推向了新的高度，让世人重新认识到它的独特魅力与价值。

【马氏花丝镶嵌】

　　花丝镶嵌技艺包括拔、搓、掐、填、堆垒、织编等，比较复杂的是填丝，会用到上百件小卷头纹去填它。

　　掐金成丝，堆垒织编，花丝镶嵌所营造出的中国传统美学，正在成为新国潮的顶流。

【马氏花丝镶嵌】

　　年轻的马赛，坚守着古老的技艺，他用自己的双手，复刻出文物最璀璨时的模样，让世人惊叹于这传统工艺的无穷魅力。他的坚守与努力，不仅让传统文化得以传承，更让这份古老的艺术在新的时代里焕发出新的光彩。

　　该作品灵感源自隋唐时期出土的李静训墓文物。李静训，北周皇太后杨丽华的外孙女，她的墓中出土了一件名为"闹蛾扑花冠"的珍贵文物。这款花束冠上，工匠们设计了一个扑蛾的造型，栩栩如生。

　　马氏花丝镶嵌的工匠们运用精湛的花丝镶嵌技艺，将这一设计巧妙地串编出来，使得这款作品既保留了古代文物的韵味，又展现出现代工艺的精巧与华丽。

【马氏花丝镶嵌】

李静训复原图

　　额冠轻颤，共振的是穿越千年的爱与悲伤。金丝银线交织擦亮历史本应鲜活的记忆。这种富足、通达又懂得解读风情的态度，是运河的魅力。

王宝才（左）李派快板书非遗传承人

【俗世奇人】

武清的非遗项目真叫绝
匠人精神出豪杰
李派快板传帮带
咱们唱一唱
说一说
表一表快板书大师李润杰
李润杰
走乜斜
论辈分我得喊师爷

说武清　唱曲艺
名人名家更云集
评剧四大名旦里
三个都在武清区
刘翠霞　李金顺
都从武清走出去
评剧皇后白玉霜
也在武清做儿媳
身在千年运河畔
戏剧曲艺广流传
多少豪杰多少事
我唱到明个唱不完
万里运河书锦绣
俗世奇人
英雄豪杰的故事广流传
运河滔滔风声紧
咱再立新功续鸿篇

扫码倾听·李派快板书

李润杰(1917—1990)

本名李玉魁。通滨演员、快板演员、李派快板创始人、快板书初创人。"李派"创始人。

白玉霜(1907—1942)

原名李桂珍 被誉为评剧皇后 也是白派艺术的创始人

爱莲君(1918—1939)

清代玩地莲秋印根。传坛成母中国早年正养，建造起莲印绸，评起情绪曼、真向聊健爱乐、低到到特征利、美乐起化、仗京起知。

刘翠霞(1911—1941)

中国评剧女演员、艺术家。评剧"四大名旦"之一。评剧刘派创始人。

李金顺(1896—1952)

第一代评剧演员。"李净调"创始人；是评剧进入"奉天落子"时期的重主要的代表人物。

第五章
此食此刻

扫码收看纪录片

流动的河水，仿佛是时间的纽带，将南北的美食文化紧紧相连。千般风味也塑造着武清人的日常。美食成为武清人情感交流的媒介，也构成了他们生活中不可或缺的一部分。

【此食此刻】

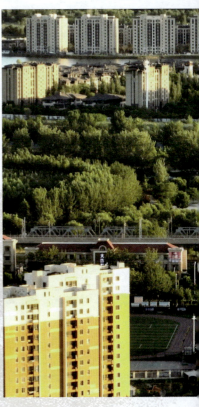

【杨村糕干】

　　凌晨3点半，安静的杨村街道率先苏醒，一种武清特有的小吃准备登场。这是张杰从事糕干制作的第20个年头，如今的他，已经成为杨村糕干技艺的第十五代传承人。

> 　　武清这一带，大家消费糕干历史比较悠久，比如说谁家要盖房子、上梁、温居、有喜事装箱，都需要糕干，每天都有买糕干的人。一年365天，我们每天都是凌晨4点坚持生产。

张杰　天津市非物质文化遗产杨村糕干第十五代代表性传承人

　　金元以降，南北运河与海河连通，武清成为南北货
物交流的重要枢纽。水波潋滟，帆影点点，商船往来穿
梭，将远方的物产和文化带到了这片土地。

　　明朝永乐二年（公元1404年），来自浙江绍兴山阴县的杜家兄弟迁移到了天津武清的杨村地区。他们被这里优越的地理位置吸引，很快便在此定居。由于不熟悉北方地区的农耕方式，他们开始做起了家乡的传统小吃——糕干。

　　因其制作的糕干风味松甜可口，价格平易近人，深受人们的青睐。尤其是运河漕船上来自江浙地区的船工，由于思念家乡的味道都竞相购买。如此，杜氏的糕干生意随之兴盛，逐渐拓展。直至杜氏第四代，杨村糕干已然从过往的沿街叫卖，演变为拥有固定店面的商家。此后，杜氏后代相继开设了多家糕干店。

杜家兄弟的后人秉承着家族的传统技艺，将糕干制作发扬光大。传至清代，仅杜姓家族就开设了万全堂、万胜堂、万顺堂等二十多家分号。

　　康熙帝南巡期间，曾短暂驻跸于杨村，当地官员向其敬献了万全堂的糕干作为贡品。康熙帝品尝之后，对其滋味赞不绝口，随即召见了万全堂的掌柜，并赋予了其在杨村地区独家制作糕干的权利，且将杨村糕干列为贡品。到了乾隆皇帝执政时期，也曾南巡途经武清地区，地方官员依旧选择杨村糕干作为敬献给皇上的贡品。乾隆帝赞美之余，亲笔题写了"妇孺恩物"四个字，以表达其对这一美食的欣赏和认可。此外，乾隆帝还授予杜氏家族使用龙票购买官米的特权，以保障其制作糕干所需的优质稻米供应。

> 杨村是一个当时非常重要的交通枢纽，因为它是由天津出发以后进入北运河，60里地第一个打尖的地方或第一个休息站，所以这个地方寺庙和人口的聚集非常之多。

罗澎伟 天津社会科学院 研究员

　　糕干就是在这样一个充满活力的地区继续焕发出新的生机。一块盈握的糕干看似简单，制作流程却充满匠心巧思。

　　丰润的新米在经历浸泡、碾压、箩筛、发酵、成形等十余道程序后被赋予新生。时至今日，杨村糕干依旧采用厚重的石碾进行磨面，避免了机械在高速运转过程中使得面粉迅速"成熟"。

【杨村糕干】

　　72岁的姜学刚，作为张杰的师父，对杨村糕干的制作工艺有着深厚的情感。尽管年事已高，他依然每周两天坚守在自己的岗位上，用那双饱经风霜的手，细心磨制每一份米粉。

> "
> 　　为什么用石碾子呢？因为这样做它（糕干）是肉头的，它有香味的。要是用机器也能出面，一分钟2000多转，面就熟透了，稻米的清香味就被破坏了。
> "

姜学刚　杨村糕干第十四代代表性传承人

40年的从业经验，使得姜学刚对糕干的每一个细节都了如指掌，他的匠心和对美食的执着，让这份清甜滋味沁人心脾，回味无穷。

【杨村糕干】

　　北运河沿岸，八方食客携带着家乡的味道，汇聚于此，渴望在异地重温那一份深藏心间的熟悉。沿河而居的人们就地取材，以匠心独运的手法，将简单食材蜕变为滋养人心的美食。

每年4~7月，一种独有的运河美食在水中成熟。流速平
缓、水草丰茂的北运河是麦穗鱼们理想的家园。

每隔几日，王凤军就会来到河边，经营餐饮生意的他，
最爱的始终是这一口不变的儿时味道。

> 66
> 我们是生活在运河边，吃着贴饽
> 饽熬小鱼长大的一代人。
> 当时抱着一个想法，就是要弘扬
> 天津的美食，打造天津美食名片。
> 99

王凤军　王氏贴饽饽熬鱼制作技艺传承人

　　贴饽饽熬小鱼最早可以追溯到乾隆年间。当时运河边的船民们就地取材，
创造出了这道既快捷又美味的饭食。它不仅满足了船民们日常的营养需求，
也成为了运河上独有的风味。在船橹轻摆、水波悠扬之间，船民们享受着这
份由劳动与大自然共同馈赠的丰盛。

【贴饽饽熬小鱼】

　　处理干净的小鱼穿上了薄薄的"白纱"。

　　随即被放入热腾腾的宽油中炸至酥脆，鱼皮在热油的作用下，发出噼里啪啦的声响，散发出令人垂涎的香味。

　　随后，大料下锅煸炒。一经爆香，便将小鱼的鲜美完美地锁在里面。

　　倒入清水，汤汁立刻冒出热气，翻滚着与小鱼交融。火候掌握得恰到好处，使得鱼肉鲜嫩滑口，汤汁浓郁鲜香。

　　这道菜不仅色香味俱全，更蕴含着船民们对生活的热爱和对美食的追求，每一口都让人回味无穷，食欲大增。

天津食譜

關於天津吃的種種

（八）　　（王受生）

「熬魚」，的確，很具特殊風格。天津一般土著居民，平常飯菜，有所謂「貼餑餑熬魚」的，不拘上中下三等人家，莫不常常製食。略悉天津社會人情的，大多知道這兩種東西是天津人家常食品，而且也算特產。

所謂「貼餑餑」，是用玉蜀黍麵，或小米麵和成餅餑，貼於鍋之四圍，其鍋中空陳，便熬上魚。添薪燃火，直至餑餑成熟，而魚亦成熟，時間空間均相同。不過許多小的「本地館」裏，卻因爲製法簡地館」裏，其製法並無特長。和山東館的製法大致

餑餑色泽金黄，底面焦脆，下部浸满鱼汤，优质碳水和蛋白质一锅而出，堪称一绝。

【贴餑餑熬小鱼】

　　多元的美食随运河一同流转，时间里的不变与嬗变，塑造着武清人从手到口，从口到心的运河风味。

赵永强（左）侯福志（右）

一席运河宴，裹挟着运河文化的身份认
同，是侯福志和赵永强的研究方向之一。

> 66 人口的流动，把不同的味型也散布
到了运河的两岸，用本地的食材结合
不同的味型做出来的美食，形成了独
特的东西，所以整体大运河（沿线）
的饮食口味就在逐渐地趋同。 99

赵永强　世界中餐业联合会饮食文化专家委员会 专家委员

岁月长河里的炉火明灭，时代巨变的波澜不惊，最终都投射在我们平凡的一日三餐，这就是武清人生活的味道。

武清·金<ruby>运</ruby>扣蝌

武清·熬烩

武清·松饪

武清·<ruby>家</ruby><ruby>常</ruby><ruby>熬</ruby>的大鲫鱼

武清·韭菜炒鸡蛋馅饼

运河宴

武清·麻<ruby>果</ruby>炒鸭

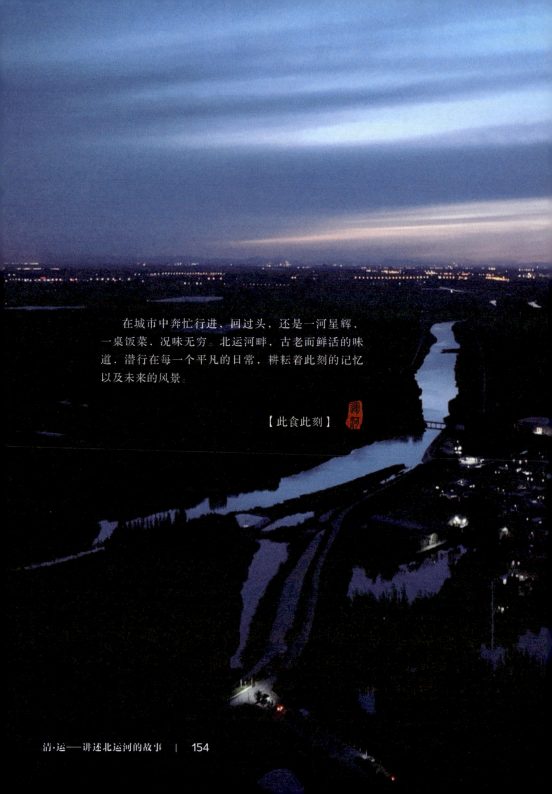

在城市中奔忙行进，回过头，还是一河星辉，一桌饭菜，况味无穷。北运河畔，古老而鲜活的味道，潜行在每一个平凡的日常，耕耘着此刻的记忆以及未来的风景。

【此食此刻】

第六章
福运未来

扫码收看纪录片

　　流动，是这座城市不变的风景。

　　繁华数百年的漕运盛景早已远去，流速交付给了身旁的轨道。

　　2008年，作为中国第一条高速铁路，京津城际铁路开通，它以350公里的时速连接身旁的城市，唱响京津"双城记"的旋律。

　　京津城际铁路将两个特大城市融聚成一个坚实的整体，放大了各类生产要素、资源配置的空间，对两大城市经济社会发展产生了重要影响，也深刻改变了两地人民的工作和生活观念，方便了百姓的出行。

　　　　　　　　　　　　　　　　　　　　　　　【京津走廊】

北京
BEIJING

武
W

> " 武清地处北京和天津之间，北运河南北
> 贯穿武清，因此呢武清就被称为"京津走
> 廊"，成为了水陆之通衢，畿辅之咽喉 "

河北省
HEISHENG

罗澍伟 天津社会科学院研究员

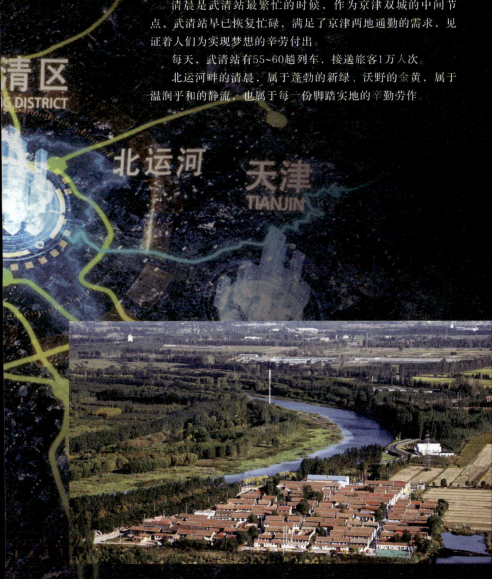

清晨是武清站最繁忙的时候，作为京津双城的中间节点，武清站早已恢复忙碌，满足了京津两地通勤的需求，见证着人们为实现梦想的辛劳付出。

每天，武清站有55~60趟列车，接送旅客1万人次。

北运河畔的清晨，属于蓬勃的新绿、沃野的金黄，属于温润平和的静流，也属于每一份脚踏实地的辛勤劳作。

北运河

天津
TIANJIN

清区
G DISTRICT

　　枭粮务在辽代成村。元代京杭大运河开通后，这里是粮米交易之所，官府便在此设立务关，榷税并收卖粮米，故名枭粮务。

　　45岁的刘天民是土生土长的枭粮务村人，毕业后便回到家乡。2009年起，他进入村"两委"任职，成为枭粮务村村民委员会主任。

　　与现在不同，曾经的枭粮务是镇里有名的困难村。村子的农业设施基础差，也缺乏适合规模种植的农作物良种，多年来村民始终"单打独斗""看天吃饭"，农产品销路不畅。

> "
> 　　我们村离这运河直线距离1000米，非常近，灌溉的水源全是来自运河的支流，园区建成之后，给村民们带来了更大的收益，也能带领当地的年轻人，让他们感觉到，农业也是一个非常有奔头的职业。
> "

刘天民
武清区南蔡村镇枭粮务村 "一肩挑"
2023年度全国十佳农民

　　2009年，刘天民建起天民蔬果专业合作社，学习现代化科技种植的供应模式，精挑细选优质品种，发展节水农业，引进自动化育苗设备、无土栽培设备。

　　刘天民还多次组织村民外出学习，相继引入光伏发电增温装置、物联网监控技术、智能调控和病虫害防治系统。套种技术的开展让这里一年四季都是丰收的时刻。

　　如今合作社的村民已由当年的5人发展到全村所有农户，经营土地面积覆盖枭粮务全部及周边村落。

【天民田园】

"小鹊登枝"口感番茄

"小兔拔拔"水果萝卜

"小熊掰掰"鲜食玉米

　　天民田园位于天津市武清区南蔡村枭粮务村东，园区占地面积1000亩。
　　天民田园有新型节水灌溉设施、水培蔬菜、无土栽培蔬菜、高架草莓、口
感番茄参观及采摘体验。是农业科技示范园，集生产示范、科普教育、实践实
训、休闲观光等多项功能于一体，是天津市现代都市农业发展极具代表性的重
要点位，也是国家农民合作社示范社、第一批全国种植业"三品一标"基地。

【天民田园】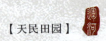

　　丁家瞿村位于天津市武清区南蔡村镇，东邻武香路，西靠大运河，坐落于运河东堤下，村域面积4308亩。2013年5月，习近平总书记来到丁家瞿村视察，察看小麦长势，询问田间管理和预产情况，叮嘱加强农技服务，搞好田间管理，为武清都市型现代农业发展指路引航。十多年来，这里办起天津市第一家石磨面粉厂，形成了从"黑小麦"到"黑面粉"再到"黑面包"的产业链条；发展棚栽葡萄，鲜食葡萄产业蓬勃发展。2023年村集体收入119.5万元，人均可支配收入3.5万元。丁家瞿村先后获评全国乡村治理示范村、全国民主法治示范村、天津市乡村振兴示范村。

【丁家瞿】

　　一湾运河，"串珠成链"，守望这片沃土的不变与嬗变，奏响了新时代的"运河号子"。

　　河西务镇着力打造的运河鲜食小镇正加速成型。作为蔬菜大镇，河西务镇的大沙河蔬菜批发市场远近闻名，成为名副其实的京津冀"菜篮子"。现在更多的食品企业来这里寻求新的机遇。阿正食品、便利蜂、稻香村、联创食品、贝儿凯客、喜磨坊、悠航、珍卤道、争鲜都已落户小镇，还有更多的品牌被小镇吸引，正在洽谈之中。

　　每年，20多亿斤的蔬果，通过更加高速高效的城市路网，流向身旁的城市。

【运河鲜食小镇】

南湖绿博园·白沙滩

　　南湖绿博园坐落于京津塘高速公路旁边，2015年被评为ＡＡＡＡ级景区，占地面积约5700亩，其中绿化和水系占总面积的80%。湖水面积达3000亩，植物种类1200余种，是一处集游览、娱乐、生态科普为一体的综合性景区。园区分为两个部分，分别为北部绿博园和南部湖区，两部分由"绿博之径"连接。北部绿博园景区是2015年第三届中国绿化博览会的举办地。整个景区共48个展园，分为6大板块，每个板块代表着不同的建筑风格和地域特色。绿博园内各个展区独具特色，游客可以了解我国各地特色建筑及植物。

　　流动，创造着时代里不断向新的风景，也守护着一方静谧如初的家园。

初冬，南迁的候鸟陆续抵达大黄堡湿地，这里是它们迁徙路线上的重要停歇地，丰茂的水草和鱼虾将会为它们的长途跋涉提供能量。

大黄堡湿地自然保护区总面积104.65平方公里，位于天津市武清区东部，北起崔黄口镇南曹家岗路，南至上马台镇王三庄，东到大黄堡镇与宝坻区接壤，西至津围公路与曹子里镇。

特殊的自然地理位置造就了独特的自然生态资源，这里湿地资源丰富、水网密布、芦苇茂密、气候凉爽、空气清新、动植物种类繁多，是一个由草甸、沼泽、水体、野生动植物等多种生态要素组成的湿地生态系统，称得上是一个动植物基因宝库，被誉为"京津之肾"。

2023年，国家林业和草原局发布新一批国家重要湿地名录，天津武清大黄堡湿地成功入选。

【大黄堡湿地】

　　湿地巡护队每天都要进行5次例行巡查，全年无休，守望着这片湿地的安静与祥和。

　　300年前，为了稳定洪水期北运河的水量，人们在北运河上游开挖青龙湾减河，并在狼尔窝附近分洪，形成了这片洼地，孕育出完整的生态体系。

　　每年，有10余万只鸟儿，在这里繁殖、越冬和迁徙，也吸引了众多游客前来，构成了人与自然和谐共生的美丽画卷。

【大黄堡湿地】

它的身旁，借京津冀协同发展之势，京津产业新城正乘风而起，构筑起非首都功能疏解新舞台。从智能制造到科技创新，探问生命，也联通未来，高端产业集群释放活力，汇聚起这片产业高地不断向前的动力。

【京津产业新城】

　　北运河畔，古老的使命已经完成，传奇故事写出新篇。

　　大运河不仅仅是世界的文化遗产，今天看来它更是令世人瞩目的精神文化遗产，它对于世界人民如何认识中国人，认识中国文化，认识中国精神，也将发挥着越来越大的作用。

【佛罗伦萨小镇】

在佛罗伦萨小镇触摸世界潮流新风尚，来汽车世界感受速度与激情的飞驰人生。

佛罗伦萨小镇京津名品奥特莱斯是威特集团在中国投资的首个奥特莱斯项目，拥有300余个国际顶级奢侈品牌，2023年营业额达42亿元，吸引720万京津冀消费人群。销售业绩坪效更是多年蝉联全国奥特莱斯第一，被评为奢侈品品牌汇集能力最强、运营及设计全球最成功的奥特莱斯项目之一。

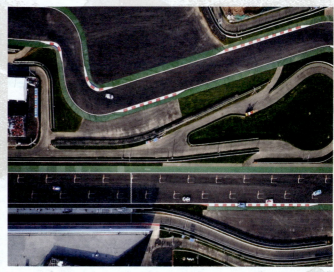

　　V1汽车世界2023年被评为AAA级旅游景区，规模60万平方米，是一个汽车创新生态园、汽车产业基地，集合赛车运动和时尚生活体验的综合体。这里有国际汽联（FIA）认证的2级专业赛道，是中国北方地区等级最高、配套设施最好的国际级赛车场，同时还汇集了全国首个美泰风火轮竞速世界卡丁车场、专业赛车学院、百度无人驾驶车及"胜利之旗"拓展训练基地等。

【V1汽车世界】

斗转星移，岁月更迭。运河畔的风景变了又变，
运河畔的人们传承了祖先勤劳质朴的优秀品质，也创
造着属于这个时代的精彩，福运未来。
　　运河载来的这座城市，鉴往知来，方兴未艾。

【福运未来】

图书在版编目（CIP）数据

清·运：讲述北运河的故事 / 李家森主编.
天津：天津科学技术出版社，2025. 5. --ISBN 978-7
-5742-2285-4

Ⅰ. K928.42-49

中国国家版本馆CIP数据核字第20249ES738号

清·运：讲述北运河的故事
QING·YUN: JIANGSHU BEIYUNHE DE GUSHI
策划编辑：方 艳
责任编辑：韩 瑞
责任印制：兰 毅

出　　版：天津出版传媒集团
　　　　　天津科学技术出版社

地　　址：天津市西康路35号
邮　　编：300051
电　　话：（022）23332390
网　　址：www.tjkjcbs.com.cn
发　　行：新华书店经销
印　　刷：雅迪云印（天津）科技有限公司

开本880×1230 1/32 印张5.75 字数160 000
2025年5月第1版第1次印刷
定价：98.00元